7 CUENTOS
A MIS NIETOS
CIBERNÉTICOS

Carmen Yolanda Cartagena Rivera

Publicado por Ibukku
www.ibukku.com
Diseño y maquetación: Índigo Estudio Gráfico
Copyright © 2020 Carmen Yolanda Cartagena Rivera
ISBN Paperback: 978-1-64086-806-9
ISBN eBook: 978-1-64086-807-6

Tabla de Contenido

Introducción

iete cuentos a mis nietos ciber-néticos, surge de la narrativa y vivencias de la autora en una interacción con sus padres, abuelos y nietos dentro de diversas décadas de los siglos XX y XXI. En los mismos se capta la experiencia con las generaciones denominadas como Silente, Boomers, X, Y, Z o Millennials, y los Nativos Digitales.

Decidí publicar estos cuentos a raíz de una conversación con mi primer nieto, Sebastián. Cuando, a sus cuatro años una tarde me preguntó, ¿abuela, por qué si son ocho planetas, Dios nos puso a todos en uno? Me quedé muda y miré a Mígyoly, mi hija mayor y su madre. Por supuesto, le contesté. Quedó satisfecho. Ello me motivó a estimular a los abuelos a esa plática exquisita con sus nietos, pues el tiempo pasa rápido y ellos crecen.

Por último, pero no menos importante surge la temática del uso de una mascarilla como un nuevo estilo de vida, a raíz de una pandemia mundial, con el conocido virus COVID-19. Lo cual me recordó el aislamiento social y mis juegos cibernéticos con mi segundo nieto, Jaden de cinco años, desde NYC. Vino a mi memoria lo mucho que tuve que aprender para relacionarme con él, a través de una plataforma del celular. Claro, mi hija Miosotis, me ayudó. Un desafío que les comparto en los cuentos. Espero que disfruten de la lectura y la compartan con sus pequeños.

Agradecimientos

Hace siete años experimenté el sentimiento de ser abuela. Sentí mayor responsabilidad hacia mi entorno, para dejarle a mis hijos, nietos y a la humanidad, un mundo mejor que el que había cuando llegué. Siempre me han motivado temas como el amor filis, el amor ágape, Dios, la ciencia, la moral, la vida, los estudios, la lectura, la muerte, el diálogo, el servicio, la cultura, la gente y la interacción de las familias, entre otros.

Con esa gama de temas en mente, escribí estos cuentos para abuelos. Algunos pensarán, será para los nietos. Bueno, algo de cierto tiene. Toca a nosotros los abuelos, cultivar la transmisión de cultura, vivencias y costumbres del ayer. Somos una generación que ya se va, y que en parte hemos cumplido nuestro propósito de vida. Por ello, plasmé aquí varias ideas de temas generadores de mi vida.

Espero que lo disfruten y agradezco desde mi corazón a las personas que donaron su tiempo para leer mi trabajo, su arte, las pinturas, los dibujos, la motivación y las fotos.

A Dios en primer lugar, por darme salud y motivación,

A mi hijo Mike De Gracia Cartagena,

A mi esposo Pedro Iván Rivera,

A mis nietos Jaden Cruz De Gracia y Sebastián Rodríguez De Gracia,

A mi sobrina Saradianetted Caballero Rivera,

A mi madre Luz María Rivera Colón,

A mi hermana Evelyn Cartagena Rivera y

A mi editora Lydia Rodríguez.

Dedicatoria

Luz María Rivera Colón
(bisabuela de Jaden y Sebastián)

El libro *7 cuentos a mis nietos ci-bernéticos*, es un reconocimiento a la relación sentimental, cultural y emocional que surge a través de la narrativa de cuentos diurnos o nocturnos en las familias. Por medio de la lectura de cuentos se pueden fomentar la comunicación y el amor entre generaciones. Por este medio les exhorto a que continúen con esta hermosa tradición.

Como abuela que soy, me dedico a brindar todo el afecto que está dentro de mí a mis chicos. El énfasis yo no lo deposito tanto en la disciplina. No intervengo en la manera en que sus padres (mis hijos), educan a sus hijos. Siento, que por ello los abuelos ganamos un grado de confianza y seguridad mayor en nuestros nietos. Para mis hijos, Mígyoly, Mío y Mike sus confidentes fueron sus abuelitas, (doña Susa, QEPD y mami). Es por ello mami, que te dedico este libro. Me has inspirado con tus historias orocoveñas, a tus nietos y bisnietos. Eres una heroína de la cultura Boricua y para ti van mis historias, doña Luz María Rivera Colón.

Abuelo, quiero un cuento

Narrador: Las generaciones pasadas, acostumbraban a dormir a sus hijos con una historia verídica o ficticia cuya finalidad era mantener el vínculo de amor y tradición familiar. Veremos ahora, a un abuelo aprovechando el momento para dejarle saber a su nieto, cómo fue su estilo de vida durante su niñez, mientras trata de dormirlo.

Abuelo: Esta es la historia de una vecinita muy amada llamada Luz, que de niña se mostró muy activa, atenta a lo que pasaba a su alrededor y siempre dispuesta para ayudar a los demás. Llegó un tiempo donde había mucha pobreza y escasez. El sustento de la gente venía de lo que producía la tierra. Luz, tenía recursos en el hogar y compartía alimentos con sus vecinos.

Su padre, lo vendía todo, pero ella era el Robin Hood de Pellejas en Orocovis. Luz le regalaba a la gente lo que le pedían para dar de comer a sus pequeños. De esto, su padre no se enteraba o recibiría un castigo. Ahora, hay otro tipo de ayudas para alimentos, estamos en la nueva sociedad.

Niño: Abuelo: ¿qué es eso de la nueva sociedad?

Abuelo: Hijito, es un lugar donde se vive a toda prisa, se come ligero y a los niños los dejan al cuidado de artefactos artificiales y electrónicos.

Niño: ¿Me explicas sobre los artefactos artificiales?

Abuelo: Cuando yo crecía, en mi campo de Pellejas, éramos muy pobres. Mi familia se componía de once hermanos, rodeados de primos, tíos y vecinos. No contábamos con televisión, teléfono, computadora, ni internet. Si acaso, un radio pequeño de baterías. A todo eso le llamo "artefactos". En la nueva sociedad, los miembros de las familias se han visto obligados a trabajar fuera de la casa y muchos no tienen cuido para los niños. Entonces, son sustituidos por un artefacto llamado televisor, una computadora o algún juego electrónico de los celulares.

Imagen por Saradianetted Caballero Rivera

Niño: Oh, eso es un artefacto y no es cuida niños, ja, ja, ja...

Abuelo: Por eso, la importancia de la familia, ellos son apoyo en la crianza. En casa de mi vecinita Luz, eran catorce y alrededor, los primos. En mi casa, éramos once hijos y cuando llegaban los primos y vecinos se formaba el fiestón. Mamá sacaba una olla y ponía tres piedras en el fogón y a comer y disfrutar se ha dicho.

Te cuento que para alimentarnos, mis padres sembraban todo tipo de viandas y verduras. Además, vendían de la cosecha para el sustento económico. Tenían aves, cerdos y vacas para poder alimentarnos y para el comercio. Mi mamá era costurera y nos hacia la ropa. Aún en la pobreza éramos los niños más felices y ricos del mundo.

Imagen por Saradianetted Caballero Rivera

Niño: (Con los ojitos cerrados y el bostezo en los labios) preguntó: ¿qué era ser ricos?

Abuelo: Para nosotros ser ricos significó tener todo lo que era necesario: a papi y mami; la familia cerquita unos de otros y saberme amado. Además, de tener buenos vecinos, como Luz, Wilfredo, tía Virginia, tío Eduardo, y otros amiguitos.

Niño: Me gusta eso, tener cerca a la familia. ¿Me cuentas cómo era tu casa?

Abuelo: Mira hijito, mi casa era un ranchón de madera grande. Tenía en las puertas y ventanas unos seguros llamados trancas con unas aldabas. No había inodoro, ni duchas en las casas. En los cuartos, teníamos una especie de palangana conocida como escupidera para orinar en la noche y un baño conocido como letrina, para hacer caca. Para bañarnos íbamos al río.

Imagen por Saradianetted Caballero Rivera

Niño: ¡Waooo, al río, que divertido!

Abuelo: Deja cerrado los ojitos y lo verás en tus sueños y sigue escuchándome. Tampoco teníamos electricidad, ni agua potable. Nos alumbrábamos con un jacho que se hacía con una botella llena de gas y un trapo, se le pegaba fuego y nos daba luz. Mis padres nos amaban, cuidaban y nos asignaban labores. En la mañana teníamos repartidas las tareas antes de salir a estudiar, desde ordeñar a la vaca para poder tomar leche, echarles maíz a las gallinas y alimentar a los demás animalitos. También, buscar el agua al río, traer leña para cocinar, entre otras cosas. Recuerdo, que mi mamá lavaba la ropa en el río y nosotros le ayudábamos a cargar latones de agua. ¡Qué mucho disfrutamos!

En la tarde continuaban las tareas asignadas, y a las 7:00 de la noche todos estábamos en la sala en un círculo haciendo el rosario en familia, pero a las 8:00 pm, todos en sus camas que eran hamacas y cauchos.

Narrador: Ante tanta información desconocida, el niño comenzó a hacer más preguntas a su abuelo, pues a sus ocho años de vida no podía entender un estilo de vida tan diferente. En su mente, comenzó a compararlo con lo que conoce.

Niño: ¿Ibas de paseo y jugabas con tus amiguitos, como yo hago?

Abuelo: Sí, viene a mi memoria cuando nos llevaban a la misa del pueblo los domingos. Ya grandecitos íbamos con amiguitos con el dominguero puesto (esa era la ropita que nos poníamos los domingos para ir al pueblo). Caminábamos kilómetros descalzos con los zapatos en mano para que no se ensuciaran. Si había mucho lodo en el camino teníamos a una vecina en el pueblo que nos dejaba asear antes de entrar a la iglesia. En nuestra casa, había un jeep de mi papá. Él lo usaba para ir a otros pueblos y a sus peleas de gallo. Ese era su pasatiempo.

Jugábamos y atendíamos las responsabilidades. Nadie protestaba, nos ayudábamos mucho y como todos los hermanos, peleábamos.

Niño: ¿Abuelito, ustedes no protestaban?

Abuelo: Ni soñarlo. Primero, no se acostumbraba a decir nada que le llevara la contraria a un adulto, menos a los padres. El que lo olvidara, pagaba las consecuencias con un fuete o correazos en las piernas y pobre si hablaba. A mí, no me daban. Me gustaba hacer el trabajo rápido para jugar con mis amiguitos. Recuerdo que nos tirábamos en hojas de plátanos o yaguas, es como decir la chorrera de los parques de este tiempo, nos corríamos los unos a otros. ¡Lo más divertido era nadar en el río!

Imagen por Saradianetted Caballero Rivera

Niño: ¿Y no se enfermaban o morían?

Abuelo: Como toda la gente, había enfermos y ocurrían muertes. Al no haber médicos cerca, nos llevaban a un curandero y nos daban remedios de yerbas y ungüentos caseros. Si alguno se rompía un hueso, le ponían una tabla con vendas llenas de ungüentos hasta que sanara. Si alguien se empachaba o se le descomponía el estómago, lo curaba un santiguador. Esa era la persona que daba sobos en el estómago o purgantes para limpieza del empache.

Sobre la muerte, nos enseñaron que, era un paso al encuentro con Dios en el cielo. Se veía con dolor, pero como parte natural de la vida. La gente se reunía para hacer los rosarios. No debo olvidar que, como parte del rito funeral de un adulto, había un grupo de mujeres que lloraban y les llamaban "las lloronas". Ellas se vestían de negro en señal de luto.

Niño: ¿Las lloronas?

Narrador: El niño con largos bostezos luchaba para no cerrar los ojos y terminar de escuchar la historia. El abuelo lo mira y cree que ya estaba dormido y deja rodar sus lágrimas contenidas, por todo su rostro castigado por el tiempo. Aun así trata de terminar su cuento.

Abuelo: A los niños que iban al cielo se les cantaba y el lugar se llenaba de flores. La celebración o velorio era conocida como el baquiné. El cielo está lleno de muchas personas que pasaron por mi vida. Aún están en mi memoria y los amo sabiendo que están junto a nuestro Padre Celestial. Buenos tiempos aquellos, buenos tiempos e inolvidables.

Narrador: Delicadamente y con suave ternura arropa a su nieto y le echa la bendición. De esa manera, se retira de la habitación con cierta nostalgia evocada por la historia de su vida. Entendiendo que es necesario pasar la cultura de una generación a otra, el abuelo aprovecha esos momentos para fomentar también la unidad y el apego.

**¡Y Colorín y Colorado,
ya hemos finalizado!**

Whatsapa y Messerina

Narrador: Era el fin del siglo XX y comienzo del nuevo milenio. Las personas habían comenzado a ver un cambio en las temperaturas de su planeta. Se hablaba de un hoyo en la capa de Ozono que protege a la Tierra y de que existe mucha basura por todos lados. ¿Es que nadie hace nada por buscar medios de protección para el ambiente?

Sin querer, escuché una pausada, pero profunda conversación entre dos miembros de la fauna y la flora, ambas del nuevo milenio. Les presento a Whatsapa, quien es una ranita decepcionada de cómo vive la gente y a una flor optimista llamada Messerina.

 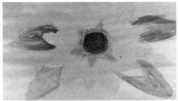

Imágenes por Mike De Gracia Cartagena

Whatsapa: Quisiera marcharme a un lugar lejos de aquí.

Messerina: ¿Puedo ayudarte en algo?

Whatsapa: No sé si puedas, estoy muy triste.

Messerina: Te escucho, las tristezas y alegrías se comparten.

Narrador: La ranita, sacó los sentimientos de su corazón y habló de cuánto extrañaba el amor de los niños y adultos por la naturaleza. Además, del cuidado y protección que debemos brindar a las mascotas. Recordó un tiempo donde las personas convivían en armonía, paz y protección de su medioambiente. Lloró mucho al hablar de la forma que le arrancaron la vida y mutilaron a un grupo de flores. También presenció la muerte de peces y animales marinos a manos de desperdicios tirados por todos lados y dijo que lo más triste que observó fue que eran personas jóvenes y adultos. La basura arropa nuestro ambiente y parece no importarle a nadie, continuaron la conversación.

Whatsapa: Veo a un mundo sin motivación para conservar la vida del planeta. Los niños y adultos tiran basura por las ventanas de sus autos. Los pisos de cada lugar llenos de gomas de mascar. Escuché que no hay vertederos suficientes para la acumulación de basura y muchas personas la queman clandestinamente, causando daño al aire que respiramos.

Messerina: Te doy toda la razón, es un problema apremiante que tenemos que resolver. Yo he sido víctima de esa indiferencia y necesitamos proteger nuestro entorno. Me han arrancado pétalos y destrozado parte de mi familia, cortando tallos y pisando todo lo que se encuentran a su paso. Muchos días hemos pasado sed, soportando altas temperaturas del Sol. Pero, ¿crees que huir es la solución? Me parece que debemos luchar. Tengo un plan y te invito a que te unas.

Narrador: Esa noche Messerina y Whatsapa convocaron, a todos los poderes mágicos de la flora, fauna y humanos extraordinarios. Llegaron a la cita: hadas madrinas, duendes, elfos, magos, sirenas, ninfas, neraidas, zumbadores y mariposas de todos colores. Se unieron diversas clases de flores como miosotis, margaritas, rosas, azucenas, violetas y orquídeas. Era un ambiente de paz y armonía, había un marcado arcoíris en el cielo, apareció mucho brillo en el lugar, nubes de colores y la fragancia perfumada de las flores.

Imagen por Mike De Gracia Cartagena

Messerina: Amigos, nosotros podemos hacer una contribución para salvar nuestra tierra, será a través de los niños, pues tienen pureza en su alma y su corazón. Tienen la característica del amor y creen en lo mágico de la vida.

Whatsapa: Esta noche mientras la niñez duerme pasaremos por sus mentes y derramaremos el néctar que despertará en ellos la inquietud, el deseo y las nuevas ideas para salvar al planeta Tierra. Le haremos entender en sus sueños, que solamente existe uno y que deben crear nuevas formas de protegerlo, con la ayuda comunitaria.

Imagen por Mike De Gracia Cartagena

Narrador: Desde aquella reunión mágica y esa visita a las mentes de los niños se han escuchado por doquier el resurgir de una nueva actitud de cuidado del medio ambiente y el interés y respeto interactivo para las personas, la fauna y la flora.

Ah, y nació una nueva palabra, hasta entonces desconocida para ellos: "RECICLAJE".

Messerina: ¿Cómo te sientes?

Whatsapa: Agradecida de ti y de nuestros amigos, en la unión está el éxito, creo que estamos salvando nuestro planeta, pero falta mucho por hacer.

Te pregunto a ti lector: ¿Qué crees que hace falta por hacer?

¡El cuidado del ambiente es responsabilidad de todos!

Imagen por Mike De Gracia Cartagena

¡Y Colorín y Colorado, ya hemos finalizado!

Ocho planetas...
¿y solo uno sirve?

Imagen por Saradianetted Caballero Rivera

Narrador: En una ocasión un niño de cinco años, llamado Sebastián tomó por sorpresa a su abuela y de repente le preguntó: —Abuela: ¿Si Dios hizo ocho planetas, por qué todos vivimos en uno?

La abuela enmudeció, pensó y le respondió: —Tal vez Dios el Creador, nos colocó juntitos en un solo planeta para que nos cuidáramos unos a otros y nos protegiéramos. El nieto, no preguntó nada más al respecto, pero esto motivó a la abuela a dar un paseo imaginario y compartirlo con ustedes para que conozcan las características de cada planeta. Veamos y escuchemos un diálogo interplanetario.

Mercurio: Hola queridos amigos planetas. ¿Cómo se encuentran? Yo estoy muy bien. Saben que soy el planeta que está en primer lugar y más cerca del Sol. Por tanto, siempre estoy hirviendo. Es por esto que aquí no puede haber vida. Y saben, mi nombre proviene de dioses romanos. ¡Este es mi amigo Venus!

Venus: Saludos a todos y a mi vecino Mercurio. Mi nombre proviene de una diosa y de la cultura greco-romana y represento el amor, se destaca mi belleza y la fecundidad. Soy el planeta de mayor brillo y más próximo al planeta Tierra. Por mis altas temperaturas, no habitan personas. Te presento a uno que sí es habitable. ¡Hola Tierra!

Tierra: Hola a todos. Mi nombre viene del latín Terra, referente a una deidad romana. También conocida como Gea que era diosa griega de la feminidad y fecundidad. Soy el quinto mayor de los planetas del Sistema Solar y tengo un satélite llamado Luna, que gira a mí alrededor. No me siento sola. Tengo habitantes, que son llamados humanos. Una de mis características es que, tres cuartas partes de mí están constituidos por cuerpos de agua. Puedo establecer que por ahora soy el único planeta habitable, tengo una gran flora y fauna. Puedo decir muchas cosas de mí, pero es mejor que otros lo digan. Ahora le presento a mi vecino Marte.

Marte: Hola, soy conocido como el planeta rojo. Se me otorgó ese nombre en honor a un dios que representaba la fuerza y la sangre siempre presente en las batallas. También represento la llegada de la primavera y juventud. Como dato, he escuchado que los terrícolas están tratando de averiguar si tengo las condiciones de su planeta para mudarse aquí.

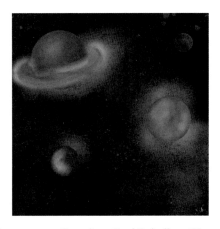

Imagen por Saradianetted Caballero Rivera

Júpiter: Mi nombre es destacado como el dios de los dioses. Soy el planeta más grande del sistema solar. De acuerdo con la mitología romana, era el dios del cielo, de la luz divina, del tiempo atmosférico y usaba el rayo contra el que osaba desobedecerle. Como ven soy el quinto planeta y estoy lejano al sol, pueden imaginarme como un planeta frío. Ahora conozcan a otro amigo, Saturno.

Saturno: Todos me identifican por mis anillos, lo que me da cierto esplendor. Soy el segundo planeta más grande, después de Júpiter. Mi nombre lo obtuve de una deidad romana identificado con el tiempo (Cronos). Todos gozan de admirar mi belleza y mi anillo. Estoy contento de aportar cierta grandeza en el espacio. Voy a dejarles con un vecino llamado, Urano.

Urano: Me conocen como un planeta estrambótico, mi nombre procede de un antiguo dios romano, que era la personificación del cielo. A ese dios se le atribuyó el origen de gigantes, ninfas y erinias. Soy un planeta que por mi nombre inspiro magia y creación. Para su conocimiento, no soy habitable pues estoy muy alejado de la estrella Sol y vivo en oscuridad. Ah, pero tengo un amigo muy cerca que se llama Neptuno.

Neptuno: Amigos, que tal. Soy conocido con el nombre de una deidad de las aguas, o como el dios del mar. Les cuento que hace mucho frío donde vivo. No es habitable para ustedes. Estoy unido a mis amigos planetas y todos tenemos un lugar en el universo espacial. Me encantó dialogar con ustedes. ¿Qué aprendieron sobre nosotros?

Narrador: Mientras ellos escucharon las diversas opiniones de sus espectadores. Algunos indicaron que: eran ordenados ya que giraban alrededor de su órbita sin salirse de su lugar, lo cual sería un desastre universal. Otros, comentaron sobre la importancia de mantener a salvo el único planeta habitable. Hubo expresiones hasta de preocupación por el trato inadecuado hacia la Tierra, por parte de sus propios habitantes.

**¡Y Colorín y Colorado,
ya hemos finalizado!**

Las salchichas electrónicas

Imagen por Saradianetted Caballero Rivera

Narrador: A toda marcha viajaba un camión de distribución de alimentos, era muy de mañana. Se trata de un distribuidor de mercancía. Pronto saldría el sol y disfrutaríamos de un día soleado. Don Iván, bordeaba el litoral en ocasiones y se regocijaba contemplando el mar, sus olas y las bellas palmeras de su isla. Lo mismo hacía de regreso y saben, muchas

veces le sorprendía el ocaso vesper-
tino. Era un hermoso paisaje. Esta
vez lo acompañó su hijo Alfonso, el
cual se había dormido y entró en un
profundo sueño. No era para menos,
con la suave brisa y el cansancio del
día.

Imagen por Mike De Gracia Cartagena

El joven, sintió que del camión se
caían las cajas de comida que iban
quedando en los diferentes lugares
por donde pasaban. Al mismo tiempo, escuchó voces provenientes de
unas latas de salchichas. Se levantó
con fuerza una voz que decía:
—Hagamos algo distinto y ayude-
mos a las personas, demostremos

que no solamente servimos de alimento, sino que podemos ser "salchichas electrónicas" y colaborar con sus necesidades.

La segunda voz preguntó: — pero, ¿cómo lo haremos?

Hubo silencio y una tercera voz dijo: — cerremos nuestros ojos y pensemos, qué queremos ser y como ayudaremos. Eso hicieron mientras se fueron esparciendo por todos lados. Veamos su transformación, la cual fue diferente y divertida.

Bombilla: Buenas he llegado rodando desde una lata y veo que están solos por aquí. ¿Quiénes son?

Niño # 1: Somos exploradores y estamos montando las casetas de campaña. Estamos con nuestro líder.

Bombilla: ¿Necesitan algo de mí?

Niño # 2: Sí, que nos brindes de tu luz.

Bombilla: Claro, me alegra haberles ayudado en su campamento

Narrador: Esa noche tuvieron ener-
gía eléctrica gracias a esta salchicha
bondadosa e ingeniosa.

Imagen por Mike De Gracia Cartagena

Narrador: Veamos dónde fue a dar
el segundo grupo de salchichas llamado radio. Oh, llegaron junto a un
grupo de pescadores ya próximos a
salir de pesca.

Pescador: Esto parece un "radio salchicha", nunca lo había visto.

Radio: Hola, ni yo a usted. ¿Cómo se
llama?

Pescador: Soy Martín, el pescador.
Voy a la mar con mis amigos para

echar las redes y traer pesca para la venta. ¿Quieres acompañarnos?

Radio: Con gusto iré. Es posible que me puedan necesitar.

Narrador: Efectivamente, mar adentro se desató un mal tiempo y gracias al radio salchicha de batería pudieron escuchar un boletín del tiempo que recomendaba una ruta distinta. Así, salvaron sus vidas y vivieron agradecidos de radio salchicha.

Imagen por Saradianetted Caballero Rivera

Narrador: Cerca de una finca se destapó la otra lata de salchichas que se autonombraron "salchichas celulares". El rol de estas sería interconectar y comunicar a la gente, pero lo que encontraron fue a un grupo de bellos animalitos con dificultad en su comunicación.

Imagen por Saradianetted Caballero Rivera

Teléfono Celular: Hola, huelo a salchicha, pero soy un teléfono celular, no me olfateen como si quisieran comerme. Señora cabra y señora oveja dejen de patearme, por favor. Lindo gatito y hermoso conejito quiero ser su amigo. Hermosa pata y bella cerdita aléjense un poco de mí. Ah, veo un perrito juguetón aquí y a un gallo cantarín. Dejen que les explique la contribución que les vengo a regalar.

Cerdita: No temas, no te vamos a comer. Estamos tratando de vivir en armonía y paz, pero no podemos.

Teléfono Celular: ¿Por qué?

Perrito y Gallo: Es que no podemos comunicarnos.

Conejo: Quisiera poder pasear con la gatita o la ovejita, pero no nos entendemos.

Imagen por Saradianetted Caballero Rivera

Cabra: Igual yo, estoy acompañada, pero me siento sola.

Teléfono Celular: Pues les propongo una técnica. Espero que la misma les permita conseguir un medio de comunicación universal para que puedan tener una sana convivencia.

Narrador: La salchicha teléfono celular, le pidió que se acostaran en el suelo mirando hacia el cielo y se tomaran de alguna parte del cuerpo. Así fueron repitiendo unas frases dictadas por la salchicha, frases secretas que nunca ninguno de nosotros sabremos. Pero saben qué, lo mejor de todo fue que lograron entenderse, comunicarse y vivir felices en una comunidad pacífica. Entonces, agradecieron a la salchicha celular por su hermoso regalo... lograr la comunicación entre todos.

Imagen por Carmen Yolanda Cartagena Rivera

Alfonso: Papá, papá, se cayeron las salchichas y se convirtieron en formas electrónicas, unas en radios, otras en computadoras, teléfonos y hasta en antenas. ¡Nunca había visto algo así!

Iván: Mi hijo, estabas soñando, todo está bien. Vuelve a dormir.

Narrador: Alfonso, miró por la ventanilla y observó a un grupo de salchichas electrónicas diciéndole adiós. Entre ellas, vio un televisor, una antena satelital y hasta una computadora. Volvió a cerrar sus ojos.

**¡Y Colorín y Colorado,
ya hemos finalizado!**

Abuela, se rompió mi Tablet

Foto por Carmen Yolanda Cartagena Rivera

Narrador: A partir del año 2000 los medios de comunicación electrónicos se han convertido en parte de la vida cotidiana de todo el componente social, incluyendo a la niñez y la juventud. Para el 2016, ya se estaba hablando de "nomofobia" o adicción al teléfono celular debido al uso y abuso de este artefacto. En adelante, más multimedios tecnológicos fueron añadidos a la vida del trabajo y de la academia. En esta historia una abuela trata de compartir con su nieta una serie de estrategias de juegos, además de la tableta, la computadora, los videos y los juegos modernos. ¿Qué puede hacer una abuela o abuelo cuando se rompe una tableta? Aparece en escena una niña llorando.

Abuela: ¿A qué se deben esas lágrimas, hermosita de abu?

Niña: Es que se rompió la tableta y no puedo jugar con mis amigos.
¿Qué tú hacías sin tableta, abuela?

Abuela: En mi época no existía ese tipo de juegos.

Niña: Y ¿cómo te divertías?

Imagen por Jaden J. Cruz De Gracia

Abuela: Teníamos permiso de nuestros padres para salir a jugar con los vecinos hasta cierta hora. Dentro de los juegos que hacíamos era casi siempre el corrernos unos a otros, le llamábamos el chico paralizado. En ocasiones cantábamos canciones y las bailábamos. Uno que me gustaba era Simón dice: que brinques y eso hacíamos. A veces, dibujábamos en el piso una peregrina. Luego, se escribían los números del 1 al 10 y brincábamos sobre ellos en un solo pie y marcando el paso con una piedrita hasta finalizar los números.

Imagen por Saradianetted Caballero Rivera

Niña: ¡Eso suena divertido! ¿Qué más abuela?

Abuela: En otros momentos nos poníamos un aro en la cintura y la movíamos haciéndola girar. A eso le llamábamos el baile de hula hoop o hula hula. Te estoy dando algunos ejemplos, ya que se jugaba con canicas, pistolitas de pólvora de juguetes (esta tenía un papelito que explotaba).

Recuerdo los caballitos de palo, bailar un trompo, correr patines, o simplemente tomarnos de la mano y dar vueltas y vueltas hasta marearnos, ja, ja, ja...

Niña: ¡Suena muy cool, abue!

Abuela: Ah, y te cuento cuando hacíamos de maestras con la pizarra, tiza, borrador y todo. Una de mis hermanas le gustaba hacer de enfermera o doctora, entonces buscábamos dulces y ellos servían de medicinas, no había aburrimiento alguno. Todavía guardo dibujos de los que hacíamos de pequeños y algunas pinturitas. Nos gustaba dibujar y guardar de recuerdo todo lo que construíamos con nuestras manos y la de nuestros amiguitos.

Niña: Enseña lo que tengas, abuelita.

Niña: Entonces, podemos jugar algún juego, o mejor pintar, en lo que me componen la tableta.

Narrador: Ambas, nieta y abuela disfrutaron de una placentera tarde, sin necesidad de artefactos electrónicos. La abuela siguió mostrando distintos dibujos, fotos y pinturas. Hubo aprendizaje de una etapa pasada (de la abuela), que la niña desconocía y ahora daría a conocer a sus amiguitos. No hubo que usar la tableta, la cual seguramente estaba sin carga eléctrica y pronto sería reparada.

**¡Y Colorín y Colorado,
ya hemos finalizado!**

Juguemos con frases y palabras

Narrador: Esta es una escena de dos abuelos y tres nietos quienes comparten un juego de palabras. El mismo consiste en mencionar términos claves de la época de los abuelos que son los boomers y de los niños que son la generación Z, o nativos digitales. Esto, promoverá el enriquecimiento del lenguaje y acercamiento de ambas generaciones. ¡Atentos todos!

Abuela Zoom: A ver niños vengan a la terraza y continuaremos con la diversión. Recuerden escribir frases, o palabras nuevas, en desuso o desconocidas por alguno de nosotros.

Abuelo Jump: Traeré más papel y lápiz, ¿quién necesita?

Ginger: Pero, abuela Zoom hay tantas cosas que no sé por dónde empezar.

Abuela Zoom: Ah, pues vamos a nombrar todo lo que podemos usar dentro de una casa. ¿Qué les parece chicos?

Yoda: ¿Abuelo Drive, puedo comenzar? Estoy casi dormido, pero entro al juego y digo, "headphones".

Acuamarina: Es con lo que yo escucho música de forma silenciosa.

Yoda: Hermana, pero ¿cuál es su nombre?

Ginger: Primo, se le conoce como auricular.

Imagen por Saradianetted Caballero Rivera

Yoda: Perfecto. ¿Un punto, quién anota?

Acuamarina: Yo anoto, hermano.

Narrador: Como estamos observando la generación Z, domina ese vocabulario y los boomers escuchan integrándose con sus nietos.

Ginger: Me sirve de entretenimiento en mi IPad, paso horas viendo las "seasons" o temporadas.

Yoda: Fácil, Netflix.

Ginger: Acuamarina anotó un punto. Abuela Zoom, dale.

Abuela Zoom: Lo uso para coser y empujo la aguja con el mismo. Usualmente lo coloco en mi dedo corazón.

Ginger: He visto agujas, pero lo otro no.

Abuelo Drive: —Bombito al cátcher, fácil es un dedal.

Yoda: ¿Dedal?

Acuamarina: Suena como dedo.

Abuela Zoom: Cierto, es una pieza de metal con la forma de un dedo. Con ello empujamos la aguja que en ocasiones no puede entrar en la tela.

Acuamarina: Un punto para abuelo. Pues di una palabra, te toca.

Abuelo Drive: Si no tengo carga en mi laptop, la uso para escribir y le pongo papel carbón para sacar copias, ¿qué será?

Yoda: ¿Una Tablet?

Abuelo Drive: No.

Ginger: Una crome.

Abuelo Drive: Tampoco.

Imagen por Saradianetted Caballero Rivera

Abuela Zoom: Como olvidarla, una maquinilla. Sus teclas no fallaban. En mi oficina teníamos varias, allá para 1980.

Narrador: Esta vez, la generación boomers, explicó la transformación de la tecnología de los años 1980-hasta el presente. Y les hablaron, un poco a sus nietos sobre la importancia del papel carbón, el esténcil y el estilete. Fue una tarde divertida y de descubrimientos tecnológicos retro.

Acuamarina: Punto para abuela. Gracias por compartir tus experiencias, nunca había escuchado esas palabras. Le diré a papá.

Ginger: ¿Ustedes tuvieron un televisor cuando eran niños?

Imagen por Saradianetted Caballero Rivera

Abuela Zoom: ¿Qué creen? Dile, mi amor.

Abuelo Drive: La televisión, surge para 1898, por un escocés llamado Logie Baird y en el 1897 un inventor italiano conocido como Guillermo Marconi, comenzó con la compañía de telégrafos y señales inalámbricas. Para 1930, llega la televisión a Estados Unidos. En mi casa, por lo menos no tuvimos. Lo que yo hacía era pedir permiso para ir a casa de algún vecinito a ver los muñequitos.

Narrador: Los nietos continuaron preguntando sobre otros equipos y sus inventores, mientras el tiempo se iba volando.

Ginger: ¿Tenías celular para hablar con tus vecinos, abuelo?

Abuelo Drive: Ja, Ja, Ja... no mi vida. No había nada de texteos para mensajes. Eso llegó para los años 2000. Para poder comunicarse las personas usaban las señales de humo, el sonido de tambores, las palomas mensajeras, un corredor a pie llevando el mensaje hablado y más adelante escrito. También, corredores a caballo con el mensaje, telégrafos, las cartas por barco, aviones y a pie por el cartero, llamadas telefónicas, beepers, textos y video llamadas.

Imagen por Saradianetted Caballero Rivera

Acuamarina: Oh Dios, que larga espera para comunicarse. Bueno, quieren que cuente los puntos del ganador o hacemos una última jugada.

Yoda: Voy a mencionar palabras y me dirán, ¿qué son? o ¿a qué grupo pertenecen? Escuchen YouTube, Facebook, Spotify, Tinder, Dropbox, Instagram y Google Map.

Zoom: Por lo menos una me es familiar, Facebook. Por allí hablo con mis amigos.

Yoda: ¿Quién más?

Ginger y Acuamarina: (a coro), son unas APP, aplicaciones que se buscan en Place Store y se instalan en los equipos tecnológicos (celulares, tabletas o computadoras).

Yoda: ¡Bien! Saben abuelos, tengo hambre.

Zoom: Les tengo una pizza, con muslitos de pollo. Ya mismo vamos a la cocina, dejemos que Acuamarina nos diga la puntuación y cada uno de nosotros hagamos una reflexión de lo nuevo que aprendimos. ¿Les parece?

Narrador: Continuaron la tertulia y su reflexión, contaron los puntos y luego pasaron felices y contentos al comedor.

**¡Y Colorín y Colorado,
ya hemos finalizado!**

Mi mascarilla y yo

Foto por Carmen Yolanda Cartagena Rivera

Narrador: Seremos testigos de un diálogo que estableció un niño de once años con su mascarilla, a la cual llamó "Escudo del Sol". El niño, se ha referido con su término, al uso de la mascarilla durante el día para poder llevar a cabo sus actividades del diario vivir. Y con la advertencia de la obligatoriedad, cuasi legal de su uso. Recordemos, que a nivel mundial los seres humanos quedamos atados a una máscara, como protección del virus llamado COVID-19. Desde el 2019-2021 aproximadamente, la humanidad ha sido confinada a su localidad, uso de mascarilla y distanciamiento social. Pongamos atención al diálogo.

Mascarilla: Hola Jorge, ¿Qué tal? ¿Cómo estás hoy?

Jorge: Ya sabes, incómodo, pero tranquilo. ¿Y tú, amiga inseparable?

Mascarilla: Estoy tratando de acostumbrarme a tu saliva y a tus olores.

Jorge: ¿Acostumbrarte a mi saliva?

Mascarilla: Sí, estamos muchas horas pegados y necesito secarme y tener un espacio para mí. Antes, casi nadie me solicitaba y de repente, "boom", soy esencial y una de las cosas más importantes en el planeta.

Jorge: Aunque llegaste por accidente, la vida nos ha hecho familia. Mis padres, la televisión y demás familiares me recuerdan a cada rato que tú eres un salvavidas. En otras palabras, un escudo de protección.

Mascarilla: A pesar de toda la propaganda e información educativa hay un número alto de muertes por el virus. En parte, esto tiene relación con el no usar una mascarilla. Sí, tus padres tienen razón salvo vidas. Creo que no me quieres aceptar y siento tu rechazo.

Jorge: No es rechazo y te valoro. Eres mi escudo del sol, así te reconozco. Tengo que confesarte varias cosas, no estaba acostumbrado a respirar con algo colocado en mi nariz. A veces, siento que me ahogo y me quedo sin aire. Recuerda, es algo nuevo. No lo tomes personal.

Mascarilla: No lo tomo a mal, simplemente te voy a dar unas sugerencias para que tú y yo nos podamos llevar bien. Existimos distintos tipos de mascarillas, máscaras, pañoletas, caretas de telas, etc. Unas, somos de textura suave y otras duras. Algunas somos usadas para diferentes tipos de actividades como deportes, trabajos, diario vivir, cenas y fiestas. En fin, nos han revestido de mucha importancia y estamos presentes en todos los lugares. Te recomiendo que busques una máscara de tu agrado, con el color de tu preferencia y la más que te guste. Eso sí, que te proteja de los virus y que tenga siempre su filtro.

Jorge: Mami me ha dicho que a todo nos acostumbramos, espero que llegue ese momento.

Mascarilla: Es por la protección de tu salud y de tu vida.

Jorge: ¡Comprendo tu importante labor y la carga que llevas sobre tus hombros de la vida de todo el plante, wao! Es increíble esa gran responsabilidad. Estoy tratando de aceptarte y lucho conmigo mismo, a veces te olvido, otras te pierdo y me enfurezco. Creo que ya somos parte uno del otro durante el día, con el sol. Por eso, te nombré "Escudo de Sol", nadie te dará un nombre como el que te di. En la noche no salgo y no te uso, pero te guardo. Otras veces, te lavo o desinfecto y en ocasiones, te tiro al zafacón y te reemplazo. Te sustituyo con el mismo amor.

Foto por Carmen Yolanda Cartagena Rivera

Mascarilla: Me alegro de escuchar las palabras de tu corazón. Estoy contenta de servir y ver que no solo soy un pedazo de tela o papel al que obligatoriamente es llamado a interceptar, recoger o atrapar virus y bacterias. "Mi lema es servir y proteger". Quiero hacer amigos y que nos llevemos bien. Jorge, gracias por esta sincera conversación que espero que llegue a muchos amiguitos, familiares y amistades.

Narrador: De una manera amena, escuchamos esta charla y vimos cómo Jorge y su mascarilla hicieron los pases y descubrieron la necesidad de su uso.

Les pregunto: ¿Pueden enumerar los beneficios del uso de una mascarilla?

**¡Y Colorín y Colorado,
ya hemos finalizado!**

A conocer a la autora
Carmen Yolanda Cartagena Rivera

Posee varios títulos académicos, una maestría en Trabajo Social de la UPR y otra en Administración y Supervisión de la Universidad Phoenix, Arizona. Tiene estudios doctorales en Consejería de la Universidad Interamericana en Río Piedras y un Doctorado, no secular en Psicología, de la Universidad Cristiana en Patterson, NJ.

Su desarrollo profesional lo ha dedicado por 30 años al Sistema de Educación Público de Puerto Rico, como Trabajadora Social Escolar, Directora de Programa de Trabajo Social y Superintendente de Escuelas por 14 años. En ocasiones, ofrece talleres educativos al personal docente, con distintas compañías educativas.

Formó estudiantes en la academia universitaria ofreciendo cursos nocturnos en varias Universidades Privadas. Lleva trabajando, por espacio de una década voluntaria y gratuitamente con la Fundación, "Yo Puedo con Cristo, Inc." Dirigida a atender las necesidades físicas, sociales, emocionales y espirituales de los pacientes con cáncer y sus cuidadores.

Ha publicado dos obras, ambas dirigidas a la superación de una pérdida y al encuentro de la resiliencia interna de cada persona. La primera lo es, "Me dejaste, te dejé... y ahora ¿qué?", (2014) y la segunda, "Lo que no pudo arrancar María, los frutos y dones del espíritu", (2019). Esta nueva obra, 7 Cuentos a mis nietos cibernéticos (2021), nace de la experiencia de las interrogantes que cada nieto les plantea a sus abuelos, en la búsqueda de sus orígenes. También, de los jugosos diálogos que solamente ocurren entre abuelos y nietos a la de dormir, o cuando les asalte la curiosidad en su tiempo de asueto.

Actualmente, trabaja en un libro sobre el tema del duelo, etapas y su manejo. Allí utiliza como marco, sus experiencias de Capellanía Cristiana y en su rol como Trabajadora Social.

Made in the USA
Columbia, SC
17 February 2021